TL

CADENAS ALIMENTARIAS DEL BOSQUE TROPICAL

Molly Aloian y Bobbie Kalman

Crabtree Publishing Company

www.crabtreebooks.com

Creado por Bobbie Kalman

Dedicado por Crystal Foxton
A mi gran amiga, Alexis Vanderwier

Editora en jefe
Bobbie Kalman

Equipo de redacción
Molly Aloian
Bobbie Kalman

Editora de contenido
Kathryn Smithyman

Editores
Michael Hodge
Robin Johnson
Kelley MacAulay
Rebecca Sjonger

Diseño
Katherine Kantor
Margaret Amy Salter (portada)

Coordinación de producción
Heather Fitzpatrick

Investigación fotográfica
Crystal Foxton

Consultora
Patricia Loesche, Ph.D., Programa sobre el comportamiento de animales, Departamento de Psicología, University of Washington

Consultor lingüístico
Dr. Carlos García, M.D., Maestro bilingüe de Ciencias, Estudios Sociales y Matemáticas

Ilustraciones
Barbara Bedell: páginas 3 (hojas, lagarto y serpiente), 10 (partes superior y centro), 11 (rinoceronte, saltamontes y hojas), 25 (suelo y bacterias), 27 (rana, lagarto, semillas, hojas y saltamontes).
Katherine Kantor: páginas 3 (mono, fruto en la rama y leopardo), 10 (parte inferior), 11 (leopardo, mono, árbol y fruto en la rama), 12, 27 (leopardo, mono y fruto).
Cori Marvin: página 3 (murciélago).
Bonna Rouse: páginas 3 (parte superior de la flor, ave, escarabajo y elefante), 9, 11 (murciélago), 27 (oruga).
Margaret Amy Salter: páginas 3 (hormiga, mariposa y flor a la izquierda), 6, 11 (flor), 25 (lupa y planta con raíces).

Fotografías
Bruce Coleman Inc.: Mark Taylor/Warren Photographic: página 7
iStockphoto.com: Mark Huntington: página 4
© Jurgen Freund/naturepl.com: página 16
Martin Harvey/NHPA: página 22
Photo Researchers, Inc.: Fletcher & Baylis: páginas 14 (parte inferior), 15, 18; Jacques Jangoux: página 13
Visuals Unlimited: Tim Hauf: página 28; George Loun: páginas 14 (parte superior), 24; Inga Spence: página 29
Otras imágenes de Corel, Creatas y Digital Vision

Traducción
Servicios de traducción al español y de composición de textos suministrados por translations.com

Library and Archives Canada Cataloguing in Publication

Aloian, Molly
      Cadenas alimentarias del bosque tropical / Molly Aloian y
Bobbie Kalman.

(Cadenas alimentarias)
Includes index.
Translation of: Rainforest food chains.
ISBN 978-0-7787-8533-0 (bound)
ISBN 978-0-7787-8549-1 (pbk.)

      1. Rain forest ecology--Juvenile literature. 2. Food chains
(Ecology)--
Juvenile literature. 3. Rain forests--Juvenile literature. I. Kalman,
Bobbie, 1947- II. Title. III. Series.

QH541.5.R27A45618 2007   j577.34'16   C2007-904737-8

Library of Congress Cataloging-in-Publication Data

Aloian, Molly.
      [Rainforest food chains. Spanish]
      Cadenas alimentarias del bosque tropical / Molly Aloian y
Bobbie Kalman.
           p. cm. -- (Cadenas alimentarias)
      Includes index.
      ISBN-13: 978-0-7787-8533-0 (rlb)
      ISBN-10: 0-7787-8533-5 (rlb)
      ISBN-13: 978-0-7787-8549-1 (pb)
      ISBN-10: 0-7787-8549-1 (pb)
      1. Rain forest ecology--Juvenile literature. 2. Food chains
(Ecology)--Juvenile literature. 3. Rain forests--Juvenile
literature. I. Title. II. Series.

QH541.5.R27A45618 2007
577.34'16--dc22

                                                                        2007030376

Crabtree Publishing Company

www.crabtreebooks.com   1-800-387-7650

Publicado en Canadá
Crabtree Publishing
616 Welland Ave.
St. Catharines, ON
L2M 5V6

Publicado en los Estados Unidos
Crabtree Publishing
PMB16A
350 Fifth Ave., Suite 3308
New York, NY 10118

Publicado en el Reino Unido
Crabtree Publishing
White Cross Mills
High Town, Lancaster
LA1 4XS

Publicado en Australia
Crabtree Publishing
386 Mt. Alexander Rd.
Ascot Vale (Melbourne)
VIC 3032

Contenido

¿Qué son los bosques lluviosos?

En los bosques lluviosos llueve casi todos los días.

Los **bosques lluviosos** son bosques densos con muchos árboles altos. En los bosques lluviosos caen por lo menos 100 pulgadas (254 cm) de lluvia por año.

Dos tipos

Hay dos tipos principales de bosques lluviosos: **los bosques lluviosos templados** y los **bosques lluviosos tropicales**. Los bosques lluviosos templados están en lugares del mundo en los que el verano es cálido y el invierno es frío. Los bosques lluviosos tropicales están cerca del **ecuador**, donde todo el año es cálido. El ecuador es una línea imaginaria que rodea la Tierra por la mitad.

En todo el mundo

Hay bosques lluviosos en América Central, América del Sur, África, el sudeste asiático y Australia. Este libro habla de las **cadenas alimentarias** de los bosques lluviosos tropicales del sudeste asiático.

Mucha vida

En los bosques lluviosos tropicales viven millones de **especies** o tipos de plantas y animales. En un **clima** cálido y húmedo las plantas y animales **prosperan** o crecen muy bien. El clima es el estado del tiempo típico de una región. El clima comprende la temperatura, las lluvias y el viento. Cuando hay mucha lluvia y sol, crecen muchas plantas. Las plantas son la comida de muchos animales.

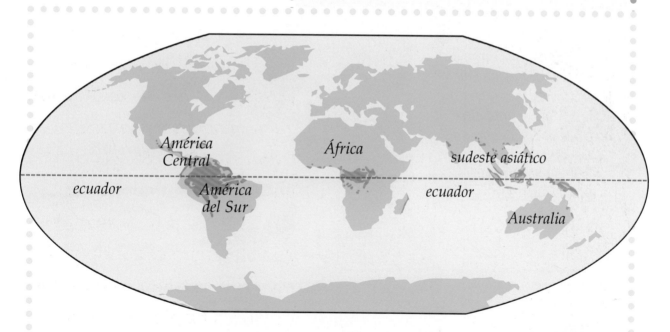

Las zonas de color verde oscuro de este mapa muestran en dónde hay bosques lluviosos tropicales en la Tierra. Los bosques lluviosos tropicales están cerca del ecuador. Alrededor de una cuarta parte de estos bosques queda en el sudeste asiático. En general, las temperaturas de estos bosques están entre los 68 °F y los 95 °F (entre 20 °C y 35 °C).

bosques lluviosos tropicales

Capas de vida

Como todos los bosques, los bosques lluviosos tropicales tienen cuatro capas principales. En cada capa viven distintas plantas y animales.

*La primera capa de un bosque lluvioso se llama **capa emergente**. Está compuesta por las copas de los árboles altos. Algunos árboles miden más de 250 pies (76 m) y reciben mucha luz solar. Las aves y los murciélagos viven en esta capa.*

capa emergente

dosel

*La segunda capa de un bosque lluvioso se llama **dosel**. Está compuesta por las copas de árboles más bajos, que miden entre 10 y 40 pies (entre 3 y 12 m). Muchos animales viven en el dosel porque allí hay mucho alimento. Los árboles del dosel también reciben mucha luz solar.*

sotobosque

*La tercera capa se llama **sotobosque**. Está formada por árboles más bajos, enredaderas y otras plantas. Allí viven muchos animales Como la capa emergente y el dosel cubren gran parte del sotobosque, éste recibe poca luz solar.*

*La cuarta capa se llama **suelo del bosque** y está en la parte inferior del bosque lluvioso. Siempre es oscura y queda a la sombra. En el suelo del bosque crecen pocas plantas, pero viven muchos animales.*

suelo del bosque

Protección de los árboles

Las copas de los árboles del dosel son densas y se unen unas con otras. Protegen el sotobosque y el suelo del bosque del calor del sol. La sombra del dosel impide que el **suelo** o la capa superior de la tierra se seque demasiado. También protege el sotobosque y el suelo del bosque de las fuertes lluvias y vientos. Estas condiciones del tiempo podrían dañar las plantas que viven en las capas más bajas.

Poca luz solar atraviesa los huecos del dosel y llega al sotobosque.

¿Qué son las cadenas alimentarias?

Este orangután necesita agua para sobrevivir.

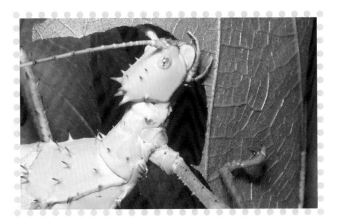

Este insecto palo de Malasia obtiene nutrientes de la planta que está comiendo.

En los bosques lluviosos tropicales hay muchos seres vivos, como plantas y animales. Las plantas y los animales necesitan alimento, agua, aire y luz solar para sobrevivir.

Energía en alimentos

Los alimentos tienen **nutrientes**. Las plantas y los animales necesitan nutrientes para crecer y estar sanos, y los obtienen de los alimentos. Las plantas y los animales también necesitan **energía** de los alimentos. Las plantas necesitan energía para crecer. Los animales necesitan energía para respirar, crecer, moverse de un lugar a otro y encontrar alimento.

8

La energía solar

Las plantas son los únicos seres vivos que producen su propio alimento. Para ello usan la energía del sol.

Hay que comer

Los animales no pueden producir alimento como las plantas. Deben comer alimentos para obtener nutrientes y energía. Cada tipo de animal come distintos alimentos. Unos comen plantas y otros comen animales. Algunos comen tanto plantas como animales. Cuando los animales se comen a otros seres vivos, se forman cadenas alimentarias. En el diagrama de la derecha se ve cómo funciona una cadena alimentaria.

Uso de la energía

Las plantas verdes atrapan energía solar y la usan para producir alimento. Usan parte de la energía como alimento y almacenan el resto.

Sol

planta

insecto

Cuando un animal (por ejemplo, un insecto) se come una planta, obtiene la energía que estaba almacenada en ella. El insecto no recibe toda la energía solar que la planta recibió.

Cuando una rana se come un insecto, la energía pasa del insecto a la rana. La rana obtiene menos energía solar que la que recibió el insecto.

rana

Niveles de una cadena alimentaria

Todas las cadenas alimentarias tienen tres niveles. Las plantas son el primer nivel. Los animales que comen plantas son el segundo nivel. Los animales que se comen a otros animales son el tercer nivel.

Las plantas hacen alimento

Las plantas son los **productores primarios**. Son los primeros seres vivos de una cadena alimentaria. **Producen** o hacen alimento para sí mismas. Las plantas almacenan en forma de energía el alimento que no usan.

Comer plantas

El segundo nivel de una cadena alimentaria está formado por **herbívoros** o animales que comen plantas. También se llaman **consumidores primarios** porque son los primeros seres vivos de

una cadena alimentaria que **consumen** o comen alimentos. Cuando comen plantas, los herbívoros reciben parte de la energía almacenada en las plantas.

Comer carne

El tercer nivel de una cadena alimentaria está formado por **carnívoros** o animales que se comen a otros animales. También se llaman **consumidores secundarios**. Son el segundo grupo de seres vivos de una cadena alimentaria que comen alimentos para obtener energía. Los consumidores secundarios reciben sólo una pequeña cantidad de la energía solar a través de su alimento.

La pirámide energética

El movimiento de la energía a través de una cadena alimentaria se ve en esta **pirámide energética**. El primer nivel de la pirámide energética es ancho porque en él hay muchas plantas. El segundo nivel es más estrecho porque hay menos herbívoros que plantas. El nivel superior de la pirámide es el más estrecho porque en una cadena alimentaria hay menos carnívoros que herbívoros.

Producción de alimento

Las plantas producen alimento a través de un proceso llamado **fotosíntesis**. Las plantas verdes tienen un **pigmento** o color llamado **clorofila**. Para producir alimento la clorofila combina la energía del sol con agua, nutrientes y el gas **dióxido de carbono**, que se encuentra en el aire.

Buena glucosa

El alimento que las plantas producen es un tipo de azúcar llamado **glucosa**. Cuando producen glucosa, las plantas liberan **oxígeno**. El oxígeno es otro gas que se encuentra en el aire. Los seres vivos necesitan oxígeno para sobrevivir.

Los bosques lluviosos tropicales tienen muchas plantas verdes. Por eso los bosques lluviosos liberan más oxígeno que otros bosques durante la fotosíntesis.

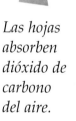

Las hojas absorben dióxido de carbono del aire.

*Al producir alimento, las hojas liberan oxígeno en el aire. También liberan en el aire diminutas gotas llamadas **vapor de agua**.*

12

Conservar la humedad

Durante la fotosíntesis, los árboles y otras plantas del bosque lluvioso absorben mucha humedad a través de las raíces. Al mismo tiempo liberan humedad a través de las hojas y así ayudan a mantener la humedad de los bosques lluviosos tropicales. Esta humedad ayuda a que otras plantas crezcan.

Tomar y liberar

El dióxido de carbono en grandes cantidades es malo para los seres vivos. Durante la fotosíntesis las plantas de los bosques lluviosos absorben dióxido de carbono del aire. Almacenan una parte en las raíces y los tallos, y convierten el resto en oxígeno. Los bosques lluviosos liberan enormes cantidades de oxígeno en el aire. Sin los bosques lluviosos habría demasiado dióxido de carbono y poco oxígeno en la Tierra.

Los grandes árboles de este bosque lluvioso liberan humedad y eso ayuda a que las palmeras más pequeñas crezcan.

Plantas de los bosques lluviosos

*Las hojas de muchas plantas de los bosques lluviosos tienen extremos delgados llamados **puntas de goteo**, que permiten que el agua escurra. Así las hojas no sufren daños por exceso de agua.*

Muchas plantas de los bosques lluviosos se **adaptaron** o cambiaron para sobrevivir en su **hábitat**. Estas páginas muestran algunas de esas adaptaciones.

*La planta en la que crece una epífita se llama **huésped**.*

Entre las grietas

Una **epífita**, como la que se ve a la derecha, es una planta que crece sobre otra. En los bosques lluviosos tropicales, muchas epífitas crecen en las grietas de los árboles. En estas grietas se juntan hojas y excrementos de animales que sirven de nutrientes para las epífitas. Estas plantas necesitan nutrientes para crecer y los absorben del aire y del agua. Muchas epífitas crecen en árboles altos para recibir la luz solar del dosel.

14

Grandes y verdes

Las copas de los árboles del dosel bloquean gran parte de la luz solar y le impiden llegar al sotobosque y al suelo del bosque. Muchas plantas que viven en las oscuras capas inferiores de los bosques lluviosos se adaptaron para sobrevivir con poca luz. Las hojas de estas plantas son grandes y tienen mucha clorofila. Por eso son de color verde oscuro. Las hojas grandes y verdes oscuras pueden absorber la poca luz solar que llega a ellas.

Las grandes hojas de las plantas de las partes más bajas de los bosques lluviosos a veces se inclinan o giran para absorber toda la luz solar posible.

La tierra de los bosques

En los bosques lluviosos no hay mucha tierra porque con el tiempo las intensas lluvias se han llevado gran parte de ella. Las raíces de las plantas sostienen en su lugar la tierra que queda. Sólo la parte superior de la tierra tiene nutrientes.

Por eso las raíces de muchos árboles de los bosques lluviosos no son profundas. Crecen hacia afuera todo lo posible. Las plantas y los animales de los bosques lluviosos absorben y usan los nutrientes rápidamente. Así los nutrientes quedan en la tierra.

15

Animales de los bosques lluviosos

En los bosques lluviosos los animales se adaptaron a su hábitat, tal como lo hicieron las plantas. De hecho, el cuerpo de la mayoría de los animales está adaptado para que el animal pueda vivir en una capa particular de estos bosques.

Vida nocturna

Para evitar las altas temperaturas de los bosques lluviosos, algunos animales son **nocturnos**. Están activos de noche. Pasan el día descansando o durmiendo y buscan alimento de noche, cuando el tiempo es fresco. Algunas especies de murciélagos, aves, serpientes, ranas e insectos son nocturnas.

Este murciélago de las frutas se cuelga cabeza abajo en un árbol para descansar en un cálido bosque lluvioso de Indonesia.

En movimiento

El tapir de Malasia y el rinoceronte de Sumatra son animales que viven en el suelo del bosque. Los dos tienen pezuñas duras en las patas para caminar largas distancias y buscar alimento.

Animales del dosel

Los orangutanes y gibones pasan mucho tiempo en el dosel de los bosques lluviosos. Usan sus largos brazos para saltar de un árbol a otro en busca de alimento. Los pangolines que viven en árboles del dosel son trepadores expertos. Tienen colas **prensiles**. Las partes prensiles del cuerpo le permiten al animal sujetarse. Los pangolines usan su cola prensil para colgarse de los árboles y mantener el equilibrio en las ramas delgadas.

El ancho de los brazos extendidos de un gibón puede ser de 7 pies (2 m).

17

Herbívoros de los bosques lluviosos

El rinoceronte de Sumatra vive solamente en los bosques lluviosos de Sumatra, una isla de Indonesia.

En los bosques lluviosos hay mucho alimento para los animales que comen plantas. Cada tipo de herbívoro de los bosques lluviosos come distintos alimentos. Algunos comen hojas, frutos y flores. Otros comen ramas, cortezas y ramitas.

Herbívoros fuertes

Algunos herbívoros son pequeños, pero otros son grandes. El rinoceronte de Sumatra es un herbívoro enorme de los bosques lluviosos. Puede pesar entre 1,000 y 2,000 libras (entre 454 y 907 kg). Come ramas, ramitas, cortezas, hojas y frutos. Un ejemplar adulto puede comer hasta 110 libras (50 kg) de alimento en un día.

La polinización por herbívoros

Algunos murciélagos, aves e insectos de bosques lluviosos se alimentan de **néctar** y **polen**. El néctar es un líquido dulce de las flores. El polen es una sustancia amarilla en forma de polvillo que producen las plantas. Las plantas necesitan el polen de otras plantas de la misma especie para producir semillas. Los murciélagos, las aves y los insectos ayudan a llevar el polen de una planta a otra. El transporte de polen de una flor a otra se llama **polinización**. Cuando los animales se posan en las flores para beber néctar o comer polen, parte del polen se les pega al cuerpo. Estos animales llevan el polen a las otras flores en donde se posan, dando lugar a la polinización. Después de la polinización las plantas producen semillas de las que pueden nacer nuevas plantas.

Cuando esta mariposa bebe néctar de una flor, el polen se le pega en el cuerpo. La mariposa lleva el polen a la próxima flor en donde se posa.

Carnívoros de los bosques lluviosos

La mayoría de los carnívoros de los bosques lluviosos son **depredadores**. Los depredadores son animales que cazan y comen otros animales. Los animales que los depredadores cazan son la **presa**.

Depredadores importantes

Los depredadores son necesarios en las cadenas alimentarias por dos razones. Primero, los depredadores de los bosques lluviosos ayudan a que las **poblaciones** de otros animales no crezcan demasiado. Si en los bosques lluviosos hubiera muchos herbívoros, se comerían demasiadas plantas. Los depredadores también mantienen sanas las poblaciones de animales, porque cazan animales débiles, viejos y enfermos.

El gavial que se muestra arriba es un depredador de los bosques lluviosos. Come peces.

20

Segundo y tercero

Un depredador es un consumidor secundario cuando se come a un herbívoro. Por ejemplo, una pantera nebulosa es un consumidor secundario cuando se come a un ciervo, que es un herbívoro. Cuando un depredador caza y se come a otro carnívoro, el depredador es un **consumidor terciario**. La palabra "terciario" significa "tercero". Los consumidores terciarios son el tercer grupo de animales de la cadena alimentaria que deben comer para obtener energía.

La vida en lo más alto

La mayoría de los animales de los bosques lluviosos tienen depredadores, pero ningún animal caza panteras nebulosas. Las panteras nebulosas son depredadores **superiores** de los bosques lluviosos del sudeste asiático. Cazan y se comen muchos animales, como ciervos, monos, jabalíes, cabras, ranas y lagartos.

*La pantera nebulosa a menudo se esconde entre los árboles para **emboscar** a su presa. Emboscar es atacar por sorpresa.*

21

Un bocado de cada cosa

Los animales que obtienen energía comiendo tanto plantas como otros animales se llaman **omnívoros**. Los omnívoros también son **oportunistas**. Comen cualquier planta y animal que encuentran.

Esparcir semillas

Los cálaos, como el cálao rinoceronte de la izquierda, son omnívoros. Comen frutos, insectos y serpientes. Muchos cálaos **dispersan** o esparcen semillas. Comen frutos que tienen semillas. Cuando vuelan a otros lugares, llevan las semillas en su cuerpo. Los cálaos a menudo sueltan las semillas en el piso del bosque en sus excrementos. Algunas semillas crecen y se hacen plantas. Las nuevas plantas luego sirven de alimento a los animales de los bosques lluviosos.

22

Una dieta saludable

Los orangutanes son omnívoros que buscan alimento en los árboles durante el día. Comen higos y otros frutos, hojas, cortezas y flores. A veces comen insectos y huevos de aves.

Los orangutanes caminan de rama en rama o usan sus brazos largos y manos fuertes para saltar de las ramas y enredaderas. A veces viajan largas distancias en busca de árboles con frutos.

Comer las sobras

Algunos animales de los bosques lluviosos son **carroñeros**. Comen **carroña** o animales muertos. Obtienen energía de los nutrientes que hay en la carroña. Las plantas muertas también contienen nutrientes. Con el tiempo, las plantas y animales muertos se **descomponen**. Cuando se están descomponiendo se llaman **detritos**. Los **descomponedores** son seres vivos que comen detritos y absorben todos los nutrientes que hay en estos. En los bosques lluviosos tropicales, las plantas y animales muertos se descomponen rápidamente porque hay muchos descomponedores que se los comen.

*Entre los descomponedores de los bosques lluviosos hay **bacterias**, hongos, caracoles y gusanos, así como las termitas que se ven aquí.*

Usar energía

Si no hubiera descomponedores, gran parte de la energía y de los nutrientes de las cadenas alimentarias de los bosques lluviosos no se usaría. Los descomponedores ayudan a las plantas y a los animales de todos los niveles de la cadena alimentaria porque agregan nutrientes al suelo.

Agregar nutrientes

Muchos descomponedores viven en el suelo. Sus excrementos contienen nutrientes que se mezclan con el suelo. Las plantas de los bosques lluviosos necesitan estos nutrientes para crecer y estar sanas. Cuando crecen muchas plantas, los herbívoros tienen mucho alimento. Cuando hay muchos herbívoros sanos, los carnívoros también tienen mucho alimento.

Una cadena alimentaria

Cuando las hojas o las ramitas se caen al suelo, se convierten en materia muerta.

Los descomponedores del suelo, como estas bacterias, se comen la materia muerta y obtienen un poco de los nutrientes que ésta contiene. También devuelven al suelo parte de estos nutrientes.

bacterias

Las nuevas plantas usan los nutrientes del suelo para crecer y estar sanas.

Nota: Las flechas de esta cadena alimentaria de detritos señalan los seres vivos que reciben nutrientes.

25

Una red alimentaria

Casi todas las plantas y animales del bosque lluvioso pertenecen a más de una cadena alimentaria. Cada cadena se compone de plantas, un animal herbívoro y un carnívoro. Cuando un nimal de una cadena alimentaria se come una planta o un animal de otra, las dos cadenas se conectan para formar una **red alimentaria**. En una red alimentaria de bosque lluvioso puede haber muchas plantas y animales.

Al igual que la mayoría de los insectos de bosque lluvioso, este escarabajo verde forma parte de varias cadenas alimentarias.

Una red de comida

Este diagrama muestra una red
alimentaria de bosque lluvioso. Las
flechas señalan los seres vivos que
reciben la energía de los alimentos.

*Las panteras nebulosas
se alimentan de ranas,
lagartijas y monos.*

*El mono narigudo se
alimenta de frutos, semillas y
hojas. También come insectos.*

Los sapos y las lagartijas comen insectos.

frutos, semillas y hojas

*Los insectos del bosque lluvioso se alimentan de
partes de las plantas, por ejemplo, de las hojas.*

Bosques lluviosos en peligro

Los bosques lluviosos del sudeste asiático (y de todo el mundo) están en grave peligro. De hecho, muchos científicos creen que los bosques lluviosos son las zonas más amenazadas de la Tierra. El ser humano representa el mayor peligro para los bosques lluviosos. El ser humano destruye inmensas zonas de los bosques lluviosos del sudeste asiático cada año. Si sigue destruyéndolos al ritmo actual, estos bosques pronto desaparecerán de la Tierra para siempre.

Los problemas de los bosques

La gente destruye los bosques lluviosos del sudeste asiático con la **tala**. Talar es cortar árboles para vender madera. La gente compra madera para hacer papel y construir casas, muebles y otras cosas. Cuando se talan bosques lluviosos se matan plantas y animales que no pueden vivir en otra parte. Por eso algunos animales de los bosques lluviosos están **en peligro de extinción**. Los animales en peligro de extinción corren el riesgo de desaparecer en su estado natural. Si la gente sigue cortando árboles de los bosques lluviosos del sudeste asiático, muchos animales más estarán en peligro de extinción.

28

Talar para cultivar

La gente tala o retira plantas de enormes zonas de los bosques lluviosos todos los días. Después de la tala se siembran cultivos. Los cultivos son plantas que se usan para producir alimentos. Los agricultores guardan o venden sus cosechas. El suelo de los bosques lluviosos tiene pocos nutrientes y por eso los cultivos crecen sólo durante pocos años. Cuando los nutrientes del suelo se acaban, ya no se puede cultivar más allí. Para sembrar más cultivos la gente debe talar más zonas del bosque lluvioso.

Romper la cadena

La tala perjudica las cadenas alimentarias de los bosques lluviosos. Cuando se destruyen las plantas, los herbívoros tienen menos alimento y pueden enfermarse. Si no hay suficientes herbívoros sanos, es posible que los carnívoros no tengan suficiente alimento. Algunos podrían hasta morir de hambre.

Algunos agricultores destruyen los bosques lluviosos para sembrar cultivos de palma de aceite, cuyos frutos se muestran a la derecha. Los frutos pueden usarse para producir aceite de palma para cocinar.

Proteger la tierra

Esta hembra de orangután y su cría viven en un parque nacional del sudeste asiático. Todas las plantas y los animales que viven en el parque nacional están a salvo.

Los gobiernos de algunos países del sudeste asiático convirtieron algunos bosques lluviosos en **parques nacionales**. Los parques nacionales son zonas de tierra y agua que el gobierno protege del peligro. Por lo general, en ellos trabajan **guardas forestales**, quienes **vigilan** o controlan los parques para que las plantas y los animales no corran peligro.

Ayuda para los orangutanes

La tala y los **incendios forestales** destruyen el hábitat de muchos animales, entre ellos los orangutanes. Algunas personas del sudeste asiático rescatan orangutanes de estos hábitats peligrosos y los llevan a **centros de rehabilitación**. Luego, cuando ha pasado el peligro, los regresan a su hábitat.

Tú puedes ayudar

Tú puedes ayudar a **conservar** los bosques lluviosos aunque no vivas en ellos. Hay muchas cosas que tú, tu familia y tus amigos pueden hacer todos los días por la seguridad de las plantas y los animales que viven allí.

Usar menos

Una forma fácil de ayudar a los bosques lluviosos es usar menos papel.

Hay muchas maneras de hacer esto, por ejemplo, escribir en las dos caras del papel en vez de hacerlo en una sola. Acuérdate de reciclar el papel. En lugar de usar servilletas de papel, usa servilletas de tela. Pídeles a tus padres que usen bolsas de tela para cargar las compras. Si la gente usa menos papel, las empresas que talan no cortarán tantos árboles en los bosques lluviosos.

Al usar menos papel puedes ayudar a proteger el hábitat de muchos animales de los bosques lluviosos, como este tigre de Sumatra.

31

Glosario

Nota: Es posible que las palabras en negrita que están definidas en el texto no figuren en el glosario.

bacterias (las) Seres vivos diminutos que tienen una sola célula y se encuentran en el suelo, el aire y el agua

cadena alimentaria (la) Modelo de comer y servir de alimento

centro de rehabilitación (el) Lugar seguro en donde los animales pueden vivir si su hábitat deja de ser seguro o saludable

conservar Proteger algo del peligro, por ejemplo, plantas o animales

energía (la) Potencia que los seres vivos obtienen del alimento y que les sirve para moverse, crecer y estar sanos

hábitat (el) Lugar natural en el que vive una planta o animal

incendio forestal (el) Incendio grande y descontrolado que quema un bosque

nutrientes (los) Sustancias de los alimentos que ayudan a los seres vivos a crecer y estar sanos

población (la) Número total de plantas o animales de una misma especie que viven en un lugar

Índice

Impreso en Canadá